성요셉여자고등학교

2024

성요셉여자고등학교

김해인 시집

사이재

시인의 말

『있는 그대로 강진여행』이
나에게 안겨준 시집이다

『있는 그대로 강진여행』을
3장 6구 12 음보 45자 안팎의
단시조로
따라가 보았다

제목을
'그리운 성요셉여자고등학교'로
할까 하다
그냥
'성요셉여자고등학교'로 하였다

여전히
외롭고 낮고 쓸쓸하다

2024년 봄
일속산방一粟山房에서
작시치作詩痴 김해인

차례

성요셉여자고등학교

시인의 말

1부

시조 13
늦봄문익환학교 15
늦봄 문익환 17
성요셉여자고등학교 18
수성당 20
강진성당 21
강진읍교회 22
미소와 아미타대불 23
원불교 25
영랑생가와 백련사 26

2부

대숲 29
동백숲 30
비래도 31
동백꽃똥구멍쪽빠는새 32
다산초당 33

정석 35
해월루 36
사의재 37
영랑생가 38
시문학파기념관 39
사계절 모란원 40
세계모란공원 41
백운동원림 42

3부

무위사 45
백련사 47
옥련사 48
고성사 49
월남사 50
금곡사 51
정수사 52
옴천사 53
남미륵사 55
금강사 57
군자서원 58

4부

고려청자박물관 61

한국민화뮤지엄 62

다산박물관 63

학명미술관 64

강진미술관 65

와보랑께박물관 66

청우요도자기박물관 67

전라병영성 68

하멜기념관 69

한골목 옛 담장 70

병영성 홍교 71

이한영생가 72

강진다원 73

월남소류 74

월출산 금릉경포대 75

백련사 동백숲 76

주작산 자연휴양림 77

석문산 78

석문공원 79

초당림 80

강진만생태공원 81

가우도 82

고바우상록공원 83

마량항 84

5부

사당리 푸조나무 87
성동리 은행나무 88
삼인리 비자나무 89
대구면사무소 단풍나무 90
백련사 배롱나무 91
경찰서 앞 느티나무 93
우체국 앞 팽나무 94
서문정 팽나무 95

1부

시조

1

삼장육구
십이음보
사십오자 안팎이

나대고
설친다며
비웃어도 좋다

시들은
겨레의 꽃이
다시 활짝 핀다면

2

삼장육구
십이음보
사십오자 안팎이

폼 잡고

뻐긴다며
비웃어도 좋다

숨죽인
겨레의 숨결이
다시 들려온다면

늦봄문익환학교

봄이
우리나라에서
가장 일찍 오는데

봄이
늦게 온다고
엄살을 떨다니

더더욱
마음의 봄은
늦게 올 리 만무한데

늦봄 문익환

대한민국에서
제일
통 큰 이가 문익환이다

죽을
각오로
김일성을 만나다니

서시*로
김일성의 마음을
뭉쿨하게 하였다며

* 윤동주의 서시를 가리킨다

성요셉여자고등학교

1

하느님과 나라를 위하여
세상에 얼굴 내민

다가온 과거가
포부가 큰
성요셉상호문화고등학교

세계의
시민이 되기를
꿈꾸는, 일찍부터

2

추억의 앨범 속에
마가렛으로 피어 있는

키 작은 내가
눈독들인
성요셉여자고등학교

그리운

토마스 아퀴나스

노린, 지인

* 벽안의 토마스 아퀴나스, 노린, 지인 수녀님 이외에도 이경민 수녀님을 비롯하여 씨튼 수녀회의 수없이 많은 한국인 수녀님들의 노고로 이루어진 학교가 성요셉여자고등학교이다.

수성당壽星堂

말년에도
할 일이
억수로 많은 것을

헛되고
헛되다는
그대 두고 한 말 아녀

목숨이
붙어 있는 한
할 일을 해야지

강진성당

벽안碧眼의
간 다윗 신부가
주임신부로 계실 때

주춧돌을
놓지
않았을까, 틀릴 수도

매화가
눈길을 끄네,
주님의 말 못지않게

강진읍교회

그 옛날
'저 높은 곳을 향하여'로
내게 다가왔는데

요즘은
뭘로
양들에게 다가가나

오늘은
달빛을 챙긴
모과로 다가오네

미소와 아미타대불

강진미술관에서
딱 하나만
꼽으라면 미소다

남미륵사에서
딱 하나만
꼽으라면 아미타대불이다

미소와
아미타대불을
강진이 챙기다니

원불교

원을
들여다보면
도로아미타불이 떠오른다

원을
따라가보면
제 자리를 돌고 있다

내 말을
못 알아듣는 이가
없을 거다,
이제는

영랑생가와 백련사

영랑생가는
영원히
지지 않는 모란이요

백련사는
영원히
지지 않는 연꽃이네

이보다
좋을 수 없는
강진이 살판났다

2부

대숲
 - 백운동원림

햇빛을
보려고
위로 줄달음치는

저 많은
대나무들은
동병상련인가 동상이몽인가

도무지
알 수 없어야,
속이 텅텅 비어

동백숲
- 백련사

모감지째
떨어진
꽃송이로 도배된 길

차마
밟고
지나갈 수가 없네

방법을
간구해야지,
밟지 않고 갈 수 있는

비래도
 - 강진만

한눈을
팔게 하는
강진만의 비래도는

앞뒤
챙이 달린
모자가 분명하다

혹시나
그 누군가가
들고 갈까 무섭다

동백꽃똥구멍쪽빠는새
- 백련사에서

동백꽃이
없으면
나는
유명무실(有名無實)이다

나는
동백꽃으로
내 몸을
충전한다

등 돌린
동백꽃은 없다,
동백꽃똥구멍쪽빠는새인
내게

다산초당

조선에
성모님이
오시지 않았다면

다산초당이
태어날
생각이나 했겠는가

실학을
집대성하는 데
성모님이 기여한 것을

정석丁石

두 글자
정석을
낳기 위하여

바위는
이를
악물었을 것이다

다산이
바위 생각을
전혀 안 한 것을

해월루

백련사 가는 길이 누구인가
다산이다

다산초당 가는 길이 누구인가
혜장이다

도중에
둘이 만나면
해월루로 빠지겠지

사의재

동문매반가가
갈 곳 없는
사의재를 입양하였는데

동문매반가보다
사의재가
훨씬 더 잘나간다

사의재
조선실학의
주춧돌이 분명하다

영랑생가

앞마루는
살구꽃과
눈빛을 주고받고

뒷마루는
동백꽃과
눈빛을 주고받고

마루가
누구도 몰래
재미를 만끽하다니

시문학파기념관

병영상인의
후예답게
강진이 발빠르다

용아생가
곁에
두어야 할 시문학파기념관을

강진이
챙기리라고
생각이나 했겠는가

사계절 모란원

국내산으로
부족해
외국산까지 동원하다니

그게 아니라면
또다른 이유는

꿇리지
않는다는 걸
보여주려는가,
국내산이

세계모란공원

지지 않는
모란이
머리보다 큰 걸 보고

내가
거인국에
와 있는 줄 알았는데

다른 건
그대로이니
지금 나는 어디 있나

백운동원림

나에게
시를
몇 편이나 안겨줬더라

시를
몇 편이나
안겨줬더라가 아니라

시집을
안겨준 것을
그것도 여러 권을

3부

무위사

늦둥이
대적광전으로
마냥 꿈에 부풀어

어른인
극락보전을
소홀히 할 리 없다

여전히
무위사 하면
극락보전이 바로 나와

백련사

백련사가
정진하는 데
지장을 주는 건

말하나 마나
강진만에
얼굴 내민 죽섬이지

눈빛을
주고받느라
정신이 없는 것을

옥련사

강진이
한눈에
꿰는 곳에 태어났다

내 말이
뭔 말인가
만나 보면 알 것이다

언제나
조신하다와
가깝게 지낸다

고성사

고암모종으로 보은산방으로 이름을 날린

고성사가 고성을 지른 적이 없다

중생을
제도하는 데
이름뿐이다,
고성은

월남사

어느 날
한꺼번에
얼굴 내밀지 않고

천천히
꾸준히
얼굴 내밀 것이다

산증인
월남사지삼층석탑이
지켜보는 가운데

금곡사

세상에서
가장 멋진
금강문을 지녔다

석문이
바로
지붕 없는 금강문이다

두 분의
금강역사를
쟁계암이라 노래하다니

* 쟁계암: 김삿갓이 석문을 쟁계암이라 칭하였다, 나는 금강역사로 보았다.

정수사

오랜 세월
외할머니와
가깝게 지냈다

내가
그냥
큰 게 아니다

뒤에서
밀어주었다,
나도 모르게
힘껏

옴천사

중생들에게
한 가지만은
확실하게 심어준다

죽어도
공든 탑은
무너지지 않는다

종정이
남의 이름인가,
하나뿐인 옴천사의

남미륵사

거만하게
군 적이
단 한 차례도 없다

아미타대불
하나만으로
거만하게 굴 것 같은데

언제나
소탈하다와
가깝게 지낸다

금강사

호남이
없으면
국가도 없듯이

현무공이
없으면
충무공도 없다

두 분이
의기투합하여
나라를 구한 것을

군자서원

사서삼경에
목을 맨
조선의 선비들이

능지처참과
사약을
즐기는 이유는

곧바로
대답하다니
江山易改 本性難改로

*강산이개 본성난개江山易改 本性難改: 강산은 바뀌기 쉬워도 본성은 고치기 힘들다는 것이다.

4부

고려청자박물관

비췻빛
하늘 아래
태어난 지 몇 해인가

버림받은
청자의
파편까지 챙기다니

전통과
개인의 재능 중에
전통의 편에 선다며

한국민화뮤지엄

그 많은
민화를
챙기느라 힘들었지

민화마다
깊은 뜻이
숨어 있을 줄이야

구색을
맞추기 위해
춘화까지 동원하다니

다산박물관

과골삼천
다산과
여러 해를 동고동락하였지

과골삼천
다산과
여러 해를 의기투합하였지

실학의
달인이 된 것을
다산 못지않은

학명미술관

일가一家를
이룬 게
한두 가지가 아녀

서화로 부족하여
사진까지 섭렵하다니

그밖에
또 무엇으로
일가를 이루려나

강진미술관

놀아도
크게 노는
이유를 알아냈다

그냥
방치해 놔도
업어가지 못한다

머리가
보통이 아니다,
그냥 잔머리 아닌

와보랑께박물관

가보랑께박물관
아닌
와보랑께박물관이란 말이시

중고상
아닌
곧 죽어도 박물관이여

사투리
수집상으로
재미를 보다니

청우요도자기박물관

고려청자박물관이
국립이라면
청우요도자기박물관은 사립이다

겹문양
도자기로
일가를 이루었다

개인의
재능을 중시한다,
고집불통인 전통보다

전라병영성

아무
생각 없이
다시 태어날 리가

실추된
명예를
되찾으려 태어났나

그밖에
다른 이유가
있을 수도 있겠지

하멜기념관

하멜만
챙긴 줄
알았더니 병영성도

병영성만
챙긴 줄
알았더니 마천목도

구색을
맞춘다는 게
쉬운 일인가,
어디

한골목 옛 담장

빗살무늬
담장은
기억하고 있을까

벽안碧眼의
네델란드인
하멜과 그의 동료들을

망각의
볼모가 됐으리란
생각이 앞서는 걸

병영성 홍교

홍교를
낳은 이는
생을 마감하였어도

홍교는
살아남아
제 임무를 다하네

돌들이
의기투합하니
무지개가 태어나야

이한영생가

일제강점기 백운옥판차로 일가를 이루었지

일제강점기 백운옥판차로 반열에 올랐지

증발한
이한영생가가
다시 태어나다니

강진다원

월출산
산봉우리와
눈빛을 주고받는

월출산
산봉우리의
사랑을 듬뿍 받는

다원이
누구인가 했더니
아모레 퍼시픽이여

월남소류

없는 듯이
있는 이가
바로 그대인 것을

누구도
몰래
산봉우리들이 다녀간다며

세상에
그대의 존재를
오늘에야 알다니

월출산 금릉경포대

금릉경포대의
금릉이
예사롭지 않을 것을

아무에게나
금릉이
주어지는 게 아녀

금릉을
고수하다니,
경포대가 끝까지

백련사 동백숲

헬스장도
이런
헬스장은 처음 봤다

동백나무들이
알통이
이리 많이 나오다니

공안(公案)에
관심이 없고
운동만 일삼는가

주작산 자연휴양림

주작의 하늘
나는
기분을 맛보려면

주작산
자연휴양림에
안기는 게 기본이다

남 주작
북 현무할 때
그 주작의 하늘인 걸

석문산

금강이면
금강이지
소금강이 뭔 말인가

나라면
따지겠는데
따지지 않는 것은

겸손이
미덕인 것을
누구보다 잘 알기에

석문공원

만덕산과
석문산이
의기투합하여 태어났다

사랑 +
구름다리로
재미를 보고 있다

부잡한
기암괴석이
장난이 아니다

초당림

미루나무
아닌
나무백합으로 잘나간다

나무백합이
대세인 건
무얼 의미하는가

취미가
고상한 것을
그 누구보다 더

강진만생태공원

그야말로
누구든
굶으라는 법도 없고

그야말로
누구든
잡아먹히라는 법도 없고

하늘이
간여할 리가,
어떤 경우에도

가우도

청자다리와
다산다리가
가우도의 양날개다

누가
봐도
강진만은 활주로다

만반의
준비를 갖춰
이륙할 거다,
언젠가

고바우상록공원에서

노을로
잘나가는
고바우상록공원 나루터가

6·25한국전쟁
중에
피를 많이 봤다지

몇이나
살아남았을까,
나루터가 눈감아 줘

마량항

남도의
나폴리라
불리는 게 당연하다

까막섬을
곁에 두어
외로울 틈이 없다

더불어
마량놀토수산시장으로
그야말로 잘나간다

5부

사당리 푸조나무

내가
언젠가
시로 접근하였는데

뭐라
접근했는지
기억 나지 않으니

또다시
접근하면서
허튼소릴 해선 안돼

성동리 은행나무

하멜의
외로움을
달래 준 적이 있지

하멜의
근심을
덜어준 적이 있지

하멜이
그대에 대한
기록을 남겼다며

삼인리 비자나무

빗질 하면
비자나무인데
삼인리 비자나무는

그냥
비자나무 아닌
마을의 수호신이여

마을의
운명의 지침이
비자나무에 달렸다니까

대구면사무소 단풍나무

대구면사무소
단풍나무는
그야말로
조신하다

너무
조신하여
가까이할 수가
없다

눈빛을
주고받는 것도
허용치
않는다

백련사 배롱나무

만경루
앞마당
배롱나무를 빼면

경향각지
길들의
발길이 끊길 거다

내 말에
인상을 구길
꽃나무가 없지 않다

경찰서 앞 느티나무

몸이
망가져도
너무 많이 망가졌다

몸이
장난 아닌데
대책이 따로 있나

섭생이
문제가 되어
이리 되었나,
혹시

우체국 앞 팽나무

좋은
환경에서
태어났다는 말보다

시대를
잘 만나
이리됐다가 맞지

앞에는
우체국이고
뒤에는 도서관이여

서문정 팽나무

배들이나
시끄테로
먹감으로 다닐 때

나를
지켜보고
뭔 생각을 했을까

눈빛을
주고받은 적도
없지 않아 있었지

사의재 정형시선 13

성요셉여자고등학교

1판 1쇄 인쇄일 | 2024년 4월 1일
1판 1쇄 발행일 | 2024년 4월 5일

지은이　　김해인
펴낸이　　신정희
펴낸곳　　사의재
출판등록　2015년 11월 9일　제2015-000011호
주소　　　목포시 보리마당로 22번길 6
전화　　　010-2108-6562
이메일　　dambak7@hanmail.net
ⓒ 김해인, 2024

ISBN 979-11-6716-099-7 03810

지은이와 출판사의 동의 없이 이 책의 내용 중 전체 또는 일부를 인용하거나 발췌하는 것을 금합니다.

값 12,000원